So wird es gemacht:

Öffne das miniLÜK®-Kontrollgerät und lege die Plättchen in den unbedruckten Deckel.
Jetzt kannst du auf den Plättchen und im Geräteboden die Zahlen 1. bis 12. sehen.

Beispiel: Seite 2

Setze die Anlaute ein.

Nimm das Plättchen 1. und sieh dir Aufgabe 1. an.
Die Lösung ist A mit der Ziffer 11.
Lege also die 1. auf die Ziffer 11 im Kontrollgerät. Die Zahl 1 muss dabei nach oben zeigen.

So arbeitest du weiter, bis alle Plättchen im Geräteboden liegen.

Schließe dann das Gerät und drehe es um. Öffne es von der Rückseite.
Wenn du das bei der Übungsreihe abgebildete Lösungsmuster siehst, hast du alle Aufgaben richtig gelöst.

Passen einige Plättchen nicht in das Muster, dann hast du dort Fehler gemacht. Drehe diese Plättchen da, wo sie liegen um und öffne es wieder. Jetzt kannst du sehen, welche Aufgaben du falsch gelöst hast. Nimm diese Plättchen heraus und suche die richtigen Ergebnisse. Kontrolliere dann noch einmal. Stimmt jetzt das Muster?

Das System ist für alle Übungen gleich: Die roten Aufgabenziffern im Heft entsprechen immer den miniLÜK-Plättchen aus dem Kontrollgerät. Die Feldzahlen bei den Lösungen sagen dir, auf welche Felder im Kontrollgerät die Plättchen gelegt werden.

Und nun viel Spaß!

LÜK® – Begründet von Heinz Vogel
Autorin dieses Heftes: Antonia Gwiasda, Christel Tetzlaff
Illustrationen: Theresia Koppers und Svenja Doering
Druck und Verarbeitung: westermann druck GmbH, Braunschweig

ISBN 978-3-8377-**4148**-3

Hinweis: Seite 8 im Sprachbuch.

Laut-Buchstaben-Verbindung kennen

Setze die Anlaute ein.

1.

___pfel

A 11	D 4

2.

___atze

H 2	K 7

3.

___le

Y 12	Eu 10

4.
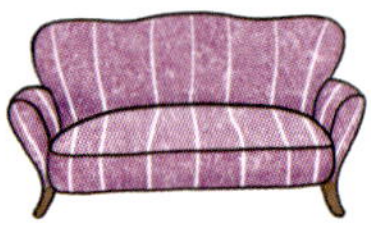

___ofa

S 12	Qu 9

5.

___mer

Ei 4	U 3

6.

___ilze

D 6	P 8

Mit welchem Anlaut beginnt das Wort?

7.

J	6
L	3
Sch	9

8.

X	5
T	1
P	2

9.
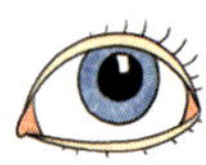

N	5
Z	3
Au	9

10.

Z	2
W	5
F	6

11.

R	3
D	8
M	2

12.

H	12
Z	7
Sch	2

Silben und Piloten

Welcher Pilot passt?

1.

Pak___t		
o	i	e
12	6	9

2.

___mer		
Ei	Au	Eu
5	1	9

3.

Bl__me		
o	u	a
11	2	8

4.

B__rne		
o	i	e
7	10	3

5.

K__ter		
a	e	o
8	4	11

6.

Pil__t		
a	e	o
1	12	6

Welche Piloten passen?

7. 

8. 

9. 

10. 

11. 

12. 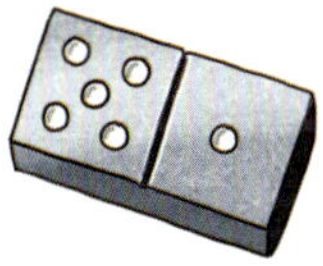

o i o	a a e	a e	i i i	u	e i
12	3	11	7	1	4

Hinweis: Seite 11 im Sprachbuch.

Wörter mit **el**, **en**, **er** mitsprechen

Finde die passenden Endungen.

1. Fin g...

el 12
er 3
en 11

2. Na d...

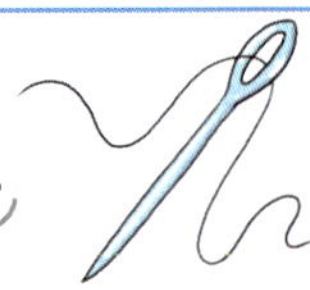

el 1
er 2
en 10

3. Wur z...

el 6
er 7
en 9

4. Be s...

el 2
er 8
en 4

5. Fen st...

el 1
er 12
en 11

6. Ku ch...

el 2
er 9
en 8

7. Ta f...

el 10
er 5
en 7

8. Fül l...

el 2
er 7
en 11

9. Re g...

el 5
er 9
en 11

10. Am p...

el 9
er 2
en 12

11. Ro bo t...

el 4
er 5
en 2

12. Blu m...

el 7
er 8
en 2

Hinweis: Seite 12 im Sprachbuch.

Wörter mit Doppelkonsonanten mitsprechen

Verbinde die Silben. Sprich die Wörter deutlich mit.

1. kom
2. sam
3. kön
4. wol
5. mes
6. klet

nen 3
sen 9
men 2
tern 5
meln 6
len 1

Sprich die Wörter in Silben mit.
Ist die erste Silbe offen oder geschlossen?

7. bitten
8. fragen
9. rennen
10. geben
11. essen
12. fallen

offen	geschlossen
11	7
12	1
3	4
8	6
9	10
5	11

Hinweis: Seite 18 im Sprachbuch.

Selbstlaute (Vokale) und Mitlaute (Konsonanten) unterscheiden

Ist der markierte Laut ein Selbstlaut oder ein Mitlaut?

		Selbstlaut	Mitlaut
1.	laufen	12	11
2.	werfen	10	8
3.	fangen	8	7
4.	klettern	5	6
5.	schwimmen	3	2
6.	springen	9	1

Wortwechsel:
Verändert sich ein Mitlaut oder ein Selbstlaut?

Nagel → 7. → Nadel → 8. → Nudel

Mitlaut 12	Selbstlaut 3	Mitlaut 7	Selbstlaut 4

Hund → 9. → Mund → 10. → Mond

Mitlaut 1	Selbstlaut 7	Mitlaut 3	Selbstlaut 5

Tonne → 11. → Tanne → 12. → Wanne

Mitlaut 9	Selbstlaut 7	Mitlaut 3	Selbstlaut 10

Hinweis: Seite 18/19 im Sprachbuch.

Abc als Ordnungsprinzip kennen

Welches Wort kommt nach dem Abc zuerst?

1. Hund 7
Katze 12
Vogel 6

2. Rose 3
Tulpe 11
Nelke 4

3. Eimer 11
Besen 12
Schaufel 8

4. Jahr 8
Tag 6
Monat 5

5. Puppe 3
Jo-Jo 6
Quartett 1

6. Herd 2
Topf 11
Deckel 3

7. Gras 2
Heu 10
Stroh 5

8. Tasse 11
Becher 10
Kanne 1

9. Reh 5
Maus 1
Igel 11

10. Brot 1
Kuchen 9
Torte 6

11. Tee 4
Saft 11
Limo 5

12. Floß 4
Boot 9
Kahn 12

Hinweis: Seite 20 im Sprachbuch.

Wörter mit **ie** und **i** mitsprechen

Welche Wörter reimen sich?

1.	Ziege	schiefe 8	4.	lieben	liegen 7
2.	tiefe	Ziele 11	5.	Siege	schieben 9
3.	Spiele	Wiege 10	6.	fliegen	Liege 5

ie oder **i**?
Sprich die Wörter in Silben und setze richtig ein.

7. 

Fl____ge

ie 3 i 1

8. 

W____nter

ie 11 i 2

9. 

St____fel

ie 12 i 4

10. 

P____nsel

ie 8 i 4

11. 

F____ber

ie 6 i 5

12. 

B____rne

ie 3 i 1

Hinweis: Seite 21 im Sprachbuch.

Wörter mit **ß** und **s** mitsprechen

Wie klingt das **ß** oder **s**? Zischend oder summend?

		ß Zischen	**s** Summen
1.	grüßen	5	11
2.	Wiese	10	3
3.	gießen	2	8
4.	Speisen	9	6
5.	Straße	8	4
6.	beißen	4	1
7.	außen	12	5
8.	reisen	7	9
9.	Füße	1	12
10.	draußen	11	7
11.	Größe	7	6
12.	Bluse	3	10

Hinweis: Seite 28 im Sprachbuch.

Nomen (Substantive) ordnen

Ordne die Nomen zu.

1.	2.	3.	4.
Fuchs	Baum	Lineal	Oma

Mensch 7	Tier 2	Pflanze 12	Ding 4

Welche Wörter sind Nomen?

		☺	☹
5.	PILZ	10	8
6.	AXT	5	9
7.	DORT	7	1
8.	BUCH	6	4
9.	FROH	12	3
10.	ONKEL	8	9
11.	UND	4	9
12.	FISCH	11	2

Artikel (Begleiter) zuordnen

Ordne den passenden Artikel zu.

1. die 6 – der 7 – das 10
   ____ Zwiebel
2. die 11 – der 8 – das 4
   ____ Topf
3. die 10 – der 9 – das 12
   ____ Uhr
4. die 4 – der 1 – das 11
   ____ Feuer
5. die 2 – der 4 – das 7
   ____ Kran
6. die 3 – der 12 – das 1
   ____ Kind
7. die 5 – der 2 – das 7
   ____ Tasche
8. die 3 – der 2 – das 9
   ____ Strauch
9. die 7 – der 12 – das 9
   ____ Krokodil
10. die 1 – der 3 – das 12
    ____ Netz
11. die 10 – der 8 – das 3
    ____ Dach
12. die 7 – der 4 – das 2
    ____ Jacke

Hinweis: Seite 30 im Sprachbuch.

Wörter mit **ck** und **tz**

Suche das Reimwort.

1.	flitzen	necken 1	4.	hocken	flicken 2
2.	wecken	Witze 6	5.	Mütze	locken 3
3.	Spritze	sitzen 4	6.	schicken	Pfütze 12

ck oder **tz**? Setze ein.

7.

Schne____e

ck 9 **tz** 8

8.

Bli____e

ck 5 **tz** 7

9.

Gla____e

ck 10 **tz** 5

10.

Ka____e

ck 11 **tz** 10

11.

Da____el

ck 11 **tz** 8

12.

Glo____e

ck 8 **tz** 2

Hinweis: Seite 31 im Sprachbuch.

Wörter mit **St/st**, **Sp/sp** und **Qu/qu** mitsprechen

St oder **Sp**? Ordne zu.

1. 
____echt
St 4
Sp 12

2. 
____inne
St 2
Sp 3

3. 
____rauch
St 7
Sp 10

4. 
____ieße
St 9
Sp 11

5. 
____empel
St 1
Sp 8

6. 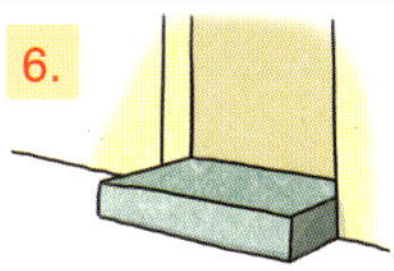
____ufe
St 4
Sp 6

Welche Wörter reimen sich?

7.	8.	9.	10.	11.	12.
quer	Quelle	Quatsch	Qual	Quark	quieken
Zahl	Matsch	pieken	stark	Stelle	schwer
6	8	10	2	9	5

Hinweis: Seite 38 im Sprachbuch.

Einzahl (Singular) und Mehrzahl (Plural) bilden

Einzahl und Mehrzahl: Ordne zu.

die Lamp**en**	die Flöt**en**	die Stift**e**	die Kart**en**	die Aut**os**	die Pinsel
1	9	7	11	6	10

Betrachte Einzahl und Mehrzahl.
Was hat sich verändert?

7.	Rolle ⟶ Rollen	se 5	n 3	e 2
8.	Apparat ⟶ Apparate	se 8	n 4	e 12
9.	Bus ⟶ Busse	se 8	n 5	e 4
10.	Schere ⟶ Scheren	se 2	n 4	e 9
11.	Mikrofon ⟶ Mikrofone	se 10	n 5	e 2
12.	Farbe ⟶ Farben	se 12	n 5	e 1

Hinweis: Seite 40 im Sprachbuch.

Wörter mit **r** und **h** mitsprechen

Bilde Wörter aus den Silben.
Sprich die Wörter deutlich mit.

1.		tur		me 4
2.		Ster		ken 2
3.		dür		nen 7
4.		par		fel 6
5.		Wür		ne 3
6.		Ar		fen 12

Welche Wörter reimen sich?

7.	8.	9.	10.	11.	12.
die Schuhe	die Kühe	die Rehe	stehen	blühen	verstehen
die Zehe	die Truhe	glühen	Versehen	gehen	die Mühe
5	8	11	10	1	9

Hinweis: Seite 41 im Sprachbuch.

Wörter mit Auslautverhärtung weiterschwingen: **t** oder **d**

t oder **d**? Schwinge weiter.

1.	die Schil___er	das Schil___	t 6	d 1
2.	die Sala___e	der Sala___	t 11	d 4
3.	die Fel___er	das Fel___	t 8	d 10
4.	die Kin___er	das Kin___	t 7	d 8
5.	die Mona___e	der Mona___	t 4	d 12
6.	die Rin___er	das Rin___	t 9	d 6

t oder **d**? Schwinge weiter.

7. Der Hun___ bellt laut. t 12 d 2

8. Ali ist mein Freun___. t 3 d 5

9. Ist das Bro___ frisch? t 9 d 7

10. Wir schlafen im Zel___. t 7 d 3

11. Gefällt dir mein Klei___? t 12 d 3

12. Ich sende Oma ein Pake___. t 12 d 9

Hinweis: Seite 49 im Sprachbuch.

Satzschlusszeichen setzen

Wie endet der Satz?
Achte auf das Satzschlusszeichen!

Geld?	Zoo?	Zoo.	mit.	auf!	mit?
1	7	12	9	5	10

Welches Satzschlusszeichen ist richtig?

		.	?	!
7.	Darf ich mitspielen ___	. 8	? 11	! 4
8.	Gerne, du bist in unserer Mannschaft ___	. 4	? 6	! 2
9.	Siehst du nicht, dass Emma frei ist ___	. 6	? 2	! 3
10.	Spiel ab ___	. 8	? 11	! 6
11.	Tor ___	. 3	? 9	! 8
12.	Das hat Spaß gemacht ___	. 3	? 7	! 12

Hinweis: Seite 50 im Sprachbuch.

Wörter mit Auslautverhärtung weiterschwingen: **k** oder **g**, **p** oder **b**

k oder **g**? Schwinge weiter.

1. Kennst du den We___?
   k 1 g 6

2. Welcher Ta___ ist heute?
   k 3 g 4

3. Oma gibt mir ein Geschen___.
   k 1 g 12

4. Wir besteigen einen Ber___.
   k 3 g 11

5. Mein Onkel arbeitet in der Fabri___.
   k 7 g 2

6. Der Ste___ ist eine kleine Brücke.
   k 9 g 3

p oder **b**? Schwinge weiter.

7. Haltet den Die___!
   p 12 b 5

8. Eine junge Kuh nennt man Kal___.
   p 8 b 10

9. Die Fee hat einen Zauberstа___.
   p 12 b 8

10. Gib mir bitte das Sie___.
    p 2 b 12

11. Rotkäppchen hat einen Kor___.
    p 9 b 2

12. Ich wünsche mir ein Mikrosko___.
    p 9 b 10

Hinweis: Seite 51 im Sprachbuch.

Wörter mit Doppelung weiterschwingen

Wörter mit Doppelung? Schwinge weiter.

1. 
der Stamm

2. 
die Nuss

3. 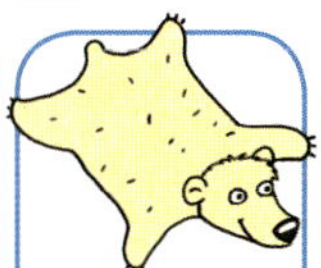
das Fell

4. 

das Los

5. 
das Brot

6. 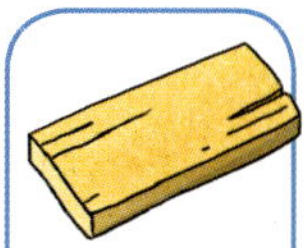
das Brett

die Felle	die Nüsse	die Bretter	die Brote	die Stämme	die Lose
11	8	7	5	4	3

Schwinge weiter. Was ist richtig?

7. der Pla___ n 9 nn 2	8. das Geste___ l 12 ll 2	9. das Be___ t 10 tt 12
10. der Gri___ f 6 ff 10	11. der Ku___ s 1 ss 6	12. der Hu___ t 1 tt 6

Hinweis: Seite 58/59 im Sprachbuch.

Verben kennenlernen 1

Ordne passende Verben zu.

1.		Bälle	klettern 8
2.		Pinsel	krähen 5
3.		Eichhörnchen	leuchten 12
4.		Bienen	schneiden 2
5.	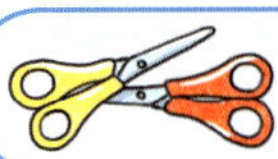	Scheren	lachen 10
6.		Lampen	rollen 3
7.		Kinder	malen 11
8.		Hähne	summen 4

Ordne die richtige Personalform zu.

Nr.	Person		Endung
9.	ich		t 1
10.	du	sing_	en 6
11.	er		e 7
12.	wir		st 9

Hinweis: Seite 60 im Sprachbuch.

Verben kennenlernen 2

Welche Buchstaben gehören in die Lücken?

1.

er trin___t
k 7 g 10

2.

er gi___t
p 12 b 10

3.

sie fra___t
k 2 g 12

4.

sie win___t
k 2 g 6

5.

es flie___t
k 9 g 6

6.

es kle___t
p 8 b 9

7.

er sprin___t
k 4 g 8

8.

er ü___t
p 5 b 4

9.

sie par___t
k 5 g 1

10.

sie sa___t
k 10 g 1

11.

es hu___t
p 11 b 3

12.

es stin___t
k 3 g 5

Hinweis: Seite 60 im Sprachbuch.

Verben mit Doppelung und **h** weiterschwingen

Setze die passenden Buchstaben ein.

Die wir-Form hilft dir.

1. er lei(~~h~~/h)t
2. sie ste(~~h~~/h)t
3. es ge(~~h~~/h)t
4. sie gewi(n/nn)t
5. er schwi(m/mm)t
6. es brü(l/ll)t

brüllen → also mit ll 1

stehen → also mit h 2

leihen → also mit h 6

gewinnen → also mit nn 5

schwimmen → also mit mm 3

gehen → also mit h 9

Wie ist es richtig?

Die wir-Form hilft dir.

7. Der Ball ro__t. l 8 ll 11	8. Leo wi__t. p 10 pp 8	9. Lola re__t. n 12 nn 10
10. Die Rose blü__t. ~~h~~ 4 h 12	11. Der Kreisel dre__t sich. ~~h~~ 7 h 4	12. Die Kohle glü__t noch. ~~h~~ 1 h 7

Hinweis: Seite 61 im Sprachbuch.

Adjektive kennenlernen 1

Adjektive sagen, wie etwas ist. Wie sind die Dinge?

1. Das Trikot ist …
2. Die Schuhe sind …
3. Der Ball ist …
4. Die Spieler sind …
5. Das Spielfeld ist …
6. Der Bus ist …

schmutzig	bunt	leer	rot	traurig	kaputt
6	5	10	2	1	4

Finde die Gegensatzspaare.

7.	8.	9.	10.	11.	12.
schwach	heiß	krumm	falsch	groß	leicht
richtig	stark	klein	kalt	schwer	gerade
8	7	9	12	11	3

Hinweis: Seite 69 im Sprachbuch.

Mit Adjektiven beschreiben

Setze das passende Adjektiv ein.

1. 

der ____ Löwe

wild 8 wilde 9

2. 

die ____ Schnecke

langsam 2 langsame 8

3. 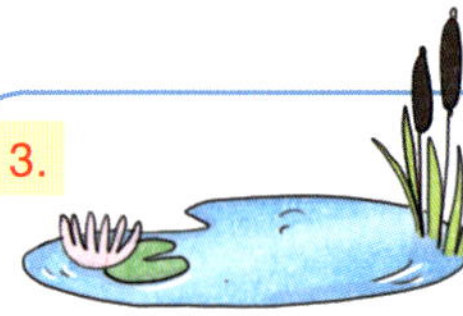

der ____ See

tief 5 tiefe 11

4. 

der ____ Clown

lustig 8 lustige 10

5. 

die ____ Schlange

giftig 7 giftige 5

6. 

der ____ Riese

groß 4 große 7

7. 

die ____ Feder

leicht 2 leichte 4

8. 

das ____ Gras

grün 12 grüne 2

9. 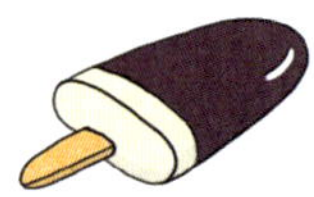

das ____ Eis

kalt 3 kalte 12

10. 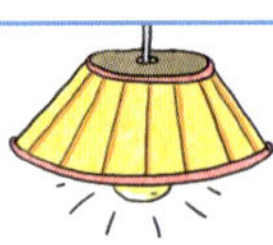

die ____ Lampe

hell 6 helle 3

11. 

der ____ Weg

weit 1 weite 6

12. 

das ____ Haus

alt 2 alte 1

Hinweis: Seite 70 im Sprachbuch.

Wörter mit **ie** weiterschwingen

Welche Nomen, Adjektive oder Verben mit **ie** gehören zusammen?

1.	2.	3.	4.	5.	6.
mieses Wetter	schiefer Turm	die Siege	die Papiere	ziehen	fliegen
schief	der Sieg	Es fliegt.	mies	Er zieht.	das Papier
4	7	3	12	1	5

Setze **i** oder **ie** ein.

		i	ie
7.	Das Sp___l geht so:	9	11
8.	Jedes K___nd würfelt.	10	3
9.	Es z___ht seine Figur.	6	2
10.	Manchmal fällt man runter, das ist f___s.	8	6
11.	Wer zuerst am Z___l ist,	9	8
12.	hat ges___gt.	12	9

Hinweis: Seite 71 im Sprachbuch.

Wörter mit **ä** und **äu** ableiten

Welche Wörter gehören zusammen?

1.	2.	3.	4.	5.	6.
die Schale	laufen	raten	die Qual	rauben	kaufen
das Rätsel	schälen	der Räuber	der Käufer	quälen	der Läufer
10	7	4	12	2	5

Ä oder **äu**? Bilde die Mehrzahl.

7.	die Bank	die  B___nke	ä 8	äu 11
8.	das Haus	die  H___ser	ä 9	äu 11
9.	das Band	die 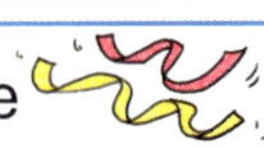 B___nder	ä 9	äu 1
10.	die Maus	die  M___se	ä 3	äu 1
11.	die Gans	die  G___nse	ä 3	äu 6
12.	der Baum	die  B___me	ä 2	äu 6

Hinweis: Seite 78 im Sprachbuch.

Unregelmäßige Verben kennenlernen

Diese Verben verändern ihren Wortstamm.
Was gehört zusammen?

1. er isst
2. es säuft
3. er tritt
4. sie liest
5. es fängt
6. sie sieht

lesen 4	fangen 5
sehen 1	essen 3
saufen 8	treten 11

Welche Buchstaben fehlen in der Verbform?

7. Sie l___ft.
8. Er tr___gt.
9. Es h___lft.
10. Sie spr___cht.
11. Er h___lt.
12. Es st___cht.

	äu	ä	i
7.	10	6	2
8.	7	2	9
9.	9	12	6
10.	12	7	9
11.	7	12	2
12.	9	10	7

Hinweis: Seite 79 im Sprachbuch.

Wortfamilien kennenlernen

Welche Wörter gehören zusammen?

1.

malen

2.

schlafen

3.

kochen

4.

zeigen

4.

laufen

6.

handeln

die Hand	der Koch	der Läufer	der Maler	der Schlaf	der Zeiger
8	9	3	11	7	12

7.

helfen

8.

läuten

9.

sprechen

10.

sehen

11.

lieben

12.

fahren

gefährlich	das Gesicht	die Sprache	laut	die Hilfe	lieblich
2	5	10	1	6	4

Hinweis: Seite 81 im Sprachbuch.

Wörter mit **V/v** merken

M

Welches Wort passt in den Satz?

1.  Das Glas ist ___.
2.  Der Apfel fällt ___ Baum.
3.  Ich stehe ___ der Tür.
4.  Das sind ___ Bälle.
5. 

Der Brief ist ___ Oma.
6.  Zum Geburtstag ___ Glück!

voll 1	leer 9
in den 10	vom 4
vor 6	auf 7
zwei 10	vier 8
von 12	an 5
kein 2	viel 3

Wie klingt das **V v** in dem Wort?

	v wie 	v wie 
7. Vogel	2	11
8. Vase	5	10
9. Klavier	9	11
10. Vater	7	5
11. Vulkan	2	5
12. Veilchen	9	4

Schreibe die Merkwörter mit **V/v** ab.

Hinweis: Seite 89 im Sprachbuch.

Oberbegriffe kennenlernen

Ordne die Nomen den passenden Oberbegriffen zu.

			Kleidung	Spiel-zeug	Fahr-zeuge	Möbel
1.		der Pulli	9	12	6	2
2.		das Quartett	5	2	3	10
3.		das Auto	11	1	5	4
4.	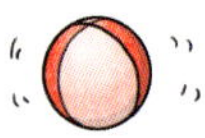	der Ball	7	10	12	9
5.		der Tisch	4	1	6	11
6.		das Kleid	7	3	2	8
7.		der Schrank	8	1	12	4
8.		das Fahrrad	1	3	8	12
9.		die Hose	12	6	9	1
10.	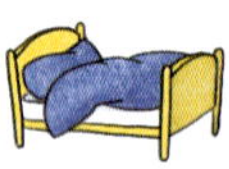	das Bett	1	10	7	3
11.		das Schiff	8	3	6	1
12.		die Puppe	9	1	4	7

Hinweis: Seite 90 im Sprachbuch.

Adjektive weiterschwingen 3

Welche Buchstaben fehlen?
B oder **p**, **d** oder **t**, **g** oder **k**?

			b	p	d	t	g	k
1.	run__	der run__e Ball	5	10	4	2	3	8
2.	trü__	das trü__e Wasser	5	6	12	8	1	2
3.	kran__	die kran__e Katze	7	6	1	11	8	2
4.	bun__	das bun__e Bild	5	2	8	3	12	11
5.	en__	die en__e Gasse	7	9	2	1	8	12
6.	lie__	das lie__e Kind	12	11	4	9	2	6
7.	frem__	die frem__e Sprache	1	3	9	7	5	2
8.	wei__	der wei__e Weg	6	12	7	11	8	3
9.	schlan__	die schlan__e Frau	5	4	9	10	6	7
10.	blin__	der blin__e Mann	9	8	10	6	1	2
11.	lan__	die lan__e Zeit	7	12	11	3	1	6
12.	gel__	die gel__e Sonne	6	4	1	9	5	7

Hinweis: Seite 91 im Sprachbuch.

M

Wörter mit i merken

Welche Merkwörter fehlen hier?

1. Im 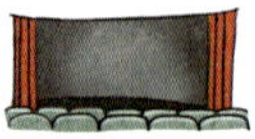 ___ sehen wir einen Film.
2. Der  ___ landet das Flugzeug sanft.
3. Im Nil leben  ___ .
4. Das Fell von  ___ ist gelb und schwarz.
5. Es gibt ein Lied über  ___ , die sich küssen.
6.  ___ leben im Wasser und gehören zu den Walen.
7. Diesen Baum hat ein  ___ umgenagt!
8. Die Tochter meines Onkels ist meine  ___ .
9. Eine  ___ bringt auch Geröll ins Tal.
10. Ein verfallenes Gebäude nennt man  ___ .
11. Statt Butter nehme ich  ___ .
12.  ___ gibt es vor allem im Sommer.

Margarine	Delfine	Tigern	Lawine	Pilot	Ruine
8	10	5	2	9	12
Nektarinen	**Krokodile**	**Igel**	**Kino**	**Biber**	**Kusine**
4	1	7	6	11	3

Schreibe die
Merkwörter mit **i** ab.

Hinweis: Seite 98 im Sprachbuch.

Wortbausteine (Vorsilben) kennenlernen

Welche Wortbausteine (Vorsilben) passen?

1.	einen Text ___schreiben	ent 6	ab 10
2.	aus dem Bett ___stehen	zu 9	auf 1
3.	eine Geschichte ___lesen	vor 6	ver 2
4.	sich im Wald ___laufen	an 12	ver 9
5.	die Tür ___schlagen	zu 12	er 2
6.	den Hund ___führen	ein 7	aus 2
7.	den Saft ___gießen	be 11	ein 3
8.	das Band ___schneiden	zer 7	ent 5
9.	einen Film ___schauen	ver 8	an 5
10.	ein Abenteuer ___leben	ent 2	er 4
11.	einen Gast ___grüßen	be 11	an 8
12.	einen Brief ___werfen	zer 3	ein 8

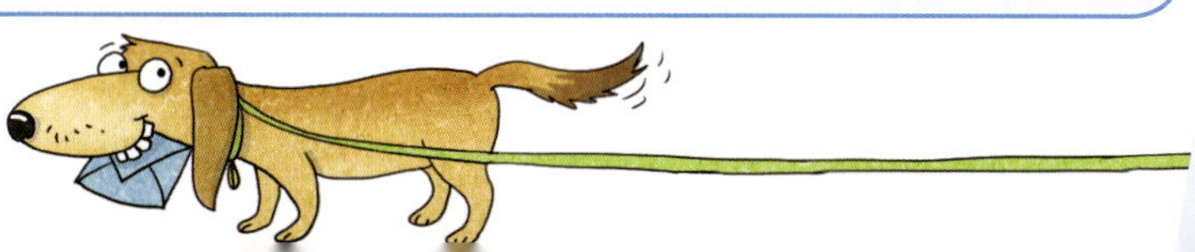

Hinweis: Seite 100 im Sprachbuch.

Wörter mit ä merken

M

Löse die Rätsel.

1.	das Gegenteil von früh	Käfig 11
2.	Krach 	Mädchen 7
3.	Kind 	Käse 6
4.	Werkzeug 	Träne 3
5.	Monat 	schräg 8
6.	kleines Insekt 	spät 9
7.	Geschichte 	Bär 2
8.	Lebensmittel 	Lärm 12
9.	Raubtier 	Säge 10
10.	Körperflüssigkeit 	Märchen 4
11.	geneigt 	Käfer 5
12.	Behälter mit Gitter 	März 1

Schreibe die
Merkwörter mit **ä** ab.

Hinweis: Seite 108 im Sprachbuch.

Wortarten wiederholen

Welche Wortart ist das?
Bilde auch Sätze aus den Wörtern.

1.	Bild	Adjektiv 1
2.	bunt	Nomen 3
3.	malen	Verb 6

4.	sauber	Adjektiv 4
5.	Hose	Nomen 12
6.	tragen	Verb 2

7.	schenken	Adjektiv 7
8.	neu	Nomen 5
9.	Spiel	Verb 10

10.	Hemd	Adjektiv 8
11.	waschen	Nomen 9
12.	schmutzig	Verb 11

Hinweis: Seite 109 im Sprachbuch.

Präpositionen kennenlernen

Wo haben sich die Mäuse versteckt?
Setze die richtigen Wörter ein.

1. Die Maus sitzt ___ Korb.
2. Die Maus klettert ___ den Schrank.
3. Die Maus rennt ___ das Bett.
4. Die Maus sitzt ___ dem Besen.
5. Die Maus frisst ___ der Vase.
6. Schau, auch ___ dem Ball ist eine Maus!

unter 10   in 4   hinter 8   auf 11   im 7   neben 12

Wo suchen die Katzen?
Setze die richtigen Wörter ein.

7. Die Katze schaut ___ den Schrank.

8. Sie schnüffelt ___ den Stühlen.

9. Sie springt ___ die Vase.

10. Die Katze sitzt ___ den Kartons.

11. Sie geht ___ den Korb.

12. Die Katze schläft ___ Bett.

vor 1 | über 9 | im 6 | zwischen 5 | hinter 3 | unter 2

Hinweis: Seite 110 im Sprachbuch.

Wörter mit Dehnungs-**h** merken

M

Welche Wörter reimen sich?

1.	2.	3.	4.	5.	6.
das Ohr	der Sohn	der Zahn	das Jahr	sehr	zählen
der Hahn	das Rohr	mehr	wählen	wahr	der Lohn
1	6	7	3	5	4

Wie viele Silben hat das Wort?

7. fahren
8. ohne
9. Uhr
10. Fehler
11. zehn
12. ihr

1 Silbe	2 Silben
12	11
2	10
2	8
9	12
8	4
9	7

Schreibe die
Merkwörter mit **h** ab.

Hinweis: Seite 111 im Sprachbuch.

Wörter mit **x** und **y** merken

M

Ordne den Bildern die Wörter zu.

1.	2.	3.	4.	5.	6.

Teddy	Zylinder	Lexikon	Nixe	Axt	Xylofon
9	6	8	3	1	11

Verbinde die Puzzleteile.

7. Ba dy 10

8. Po ny 5

9. Han by 2

10. Bo xi 12

11. He xer 7

12. Ta xe 4

Schreibe die
Merkwörter mit **x** und **y** ab.

Hinweis: Seite 99 im Sprachbuch.

Zusammengesetzte Nomen bilden.

Kannst du die Nomen zusammensetzen?

1.  + 
2. 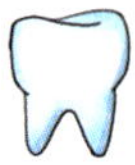 + 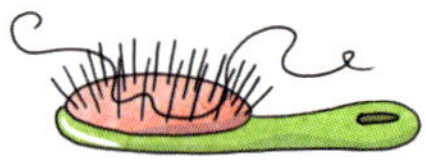
3.  + 
4. 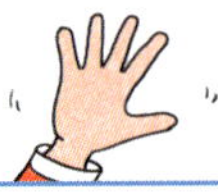 + 
5.  + 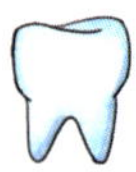
6.  + 
7.  + 
8.  + 
9. 

+ 
10.  + 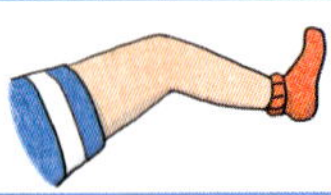
11. 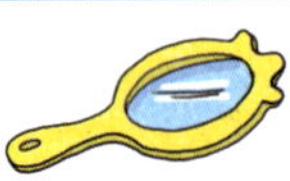 + 
12.  + 

Handschuh 10

Zahnbürste 1

Blumentopf 9

Löwenzahn 12

Seilbahn 2

Wasserhahn 6

Taschengeld 7

Tischbein 3

Spiegelei 11

Schneemann 8

Wortstamm 5

Bildschirm 4